zen-on piano library

KB252104

CZERNY

DIE SCHULE DER GELÄUFIGKEIT   Op. 299

체르니   40번 연습곡

서울음악출판사

INHALT

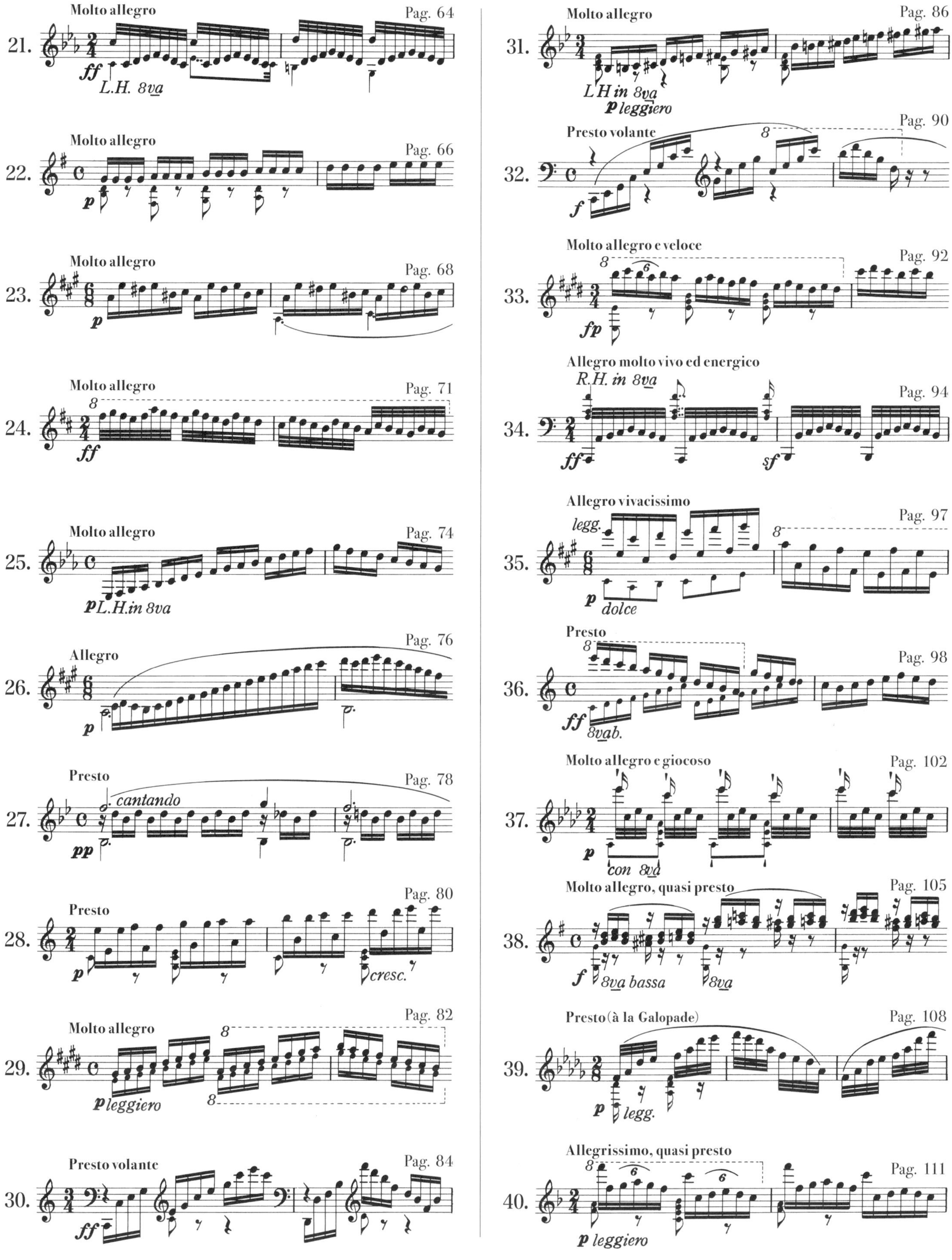
21. Molto allegro Pag. 64
ff
L.H. 8va
22. Molto allegro Pag. 66
p
23. Molto allegro Pag. 68
p
24. Molto allegro Pag. 71
8
ff
25. Molto allegro Pag. 74
p L.H.in 8va
26. Allegro Pag. 76
p
27. Presto Pag. 78
cantando
pp
28. Presto Pag. 80
p
cresc.
29. Molto allegro Pag. 82
8
p leggiero
30. Presto volante Pag. 84
ff
31. Molto allegro Pag. 86
L.H in 8va
p leggiero
32. Presto volante Pag. 90
8
f
33. Molto allegro e veloce Pag. 92
8
6
fp
34. Allegro molto vivo ed energico Pag. 94
R.H. in 8va
ff
sf
35. Allegro vivacissimo Pag. 97
legg.
8
p
dolce
36. Presto Pag. 98
8
ff
8vab.
37. Molto allegro e giocoso Pag. 102
p
con 8va
38. Molto allegro, quasi presto Pag. 105
f
8va bassa
8va
39. Presto (à la Galopade) Pag. 108
p
legg.
40. Allegrissimo, quasi presto Pag. 111
8
6
p leggiero

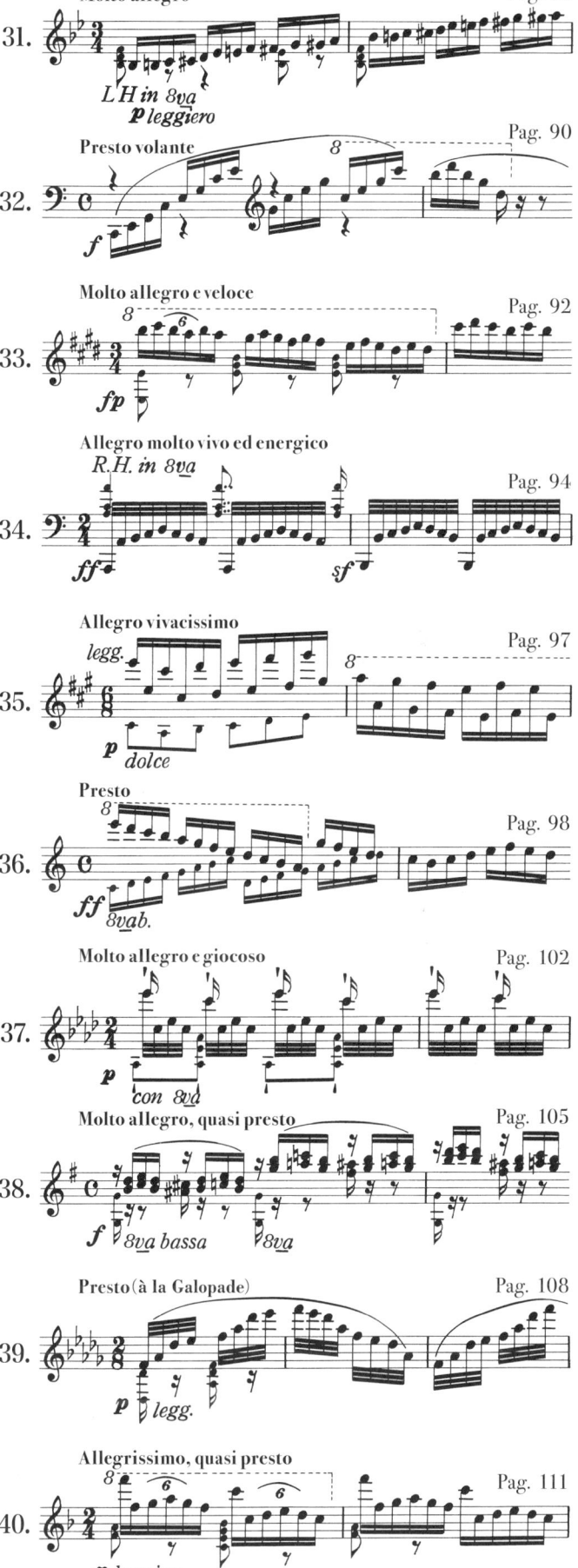

머리말

〈체르니 40번 연습곡〉 'Die Schule der Geläufigkeit'의 목적은 〈체르니 30번 연습곡〉에서 익힌 기초기술을 더욱 빠르게 연주할 수 있도록 하는 것이다.

빠른 손놀림과 그 바탕이 되는 팔과 손목의 유연성 훈련에 초점을 맞추고 있어 음악적 형식, 표면적인 선율감, 화성감 이외에는 음악적으로 뛰어나다고 볼 수 없다. 하지만 기술적인 면에서 이 연습곡이 가지고 있는 다양성에는 큰 가치가 있으며, 고도의 연주기술을 익히기 위한 필수적인 내용을 담고 있다.

〈체르니 40번 연습곡〉은 매우 조직적으로 이루어져 있다. 전체가 4개의 부로 나뉘어 있으며, 하나의 부는 10곡으로 구성되어있다. 처음 2개의 부는 좌우 개별적으로 운지를 훈련할 수 있도록 좌우 어느 한쪽 손에 중점을 두고 있다. 이 부분에서 음계, 분산화음, 펼침화음 기술을 한 손씩 익힌다. 제3부, 제4부에서는 조금씩 양손 기술로 넘어가면서 전반부의 무미건조한 음악성에서 조금씩 탈피한다. 마지막에는 매우 어려운 연습을 한다.

처음에는 재미가 없을 수 있지만, 이 연습곡집의 전체적인 의도를 파악하고 노력해서 도중에 그만두지 않기를 바란다.

제1부

제1번 C Major 음계연습

음계는 피아노 주법에서 가장 기본적인 것 중 하나로, 이에 대해서는 〈체르니 30번 연습곡〉에서도 언급했다. 음계 연습에서 중요한 점을 알아보겠다. 첫 번째로 모든 음의 음량이 일정해야 한다. 이를 위해서는 손가락을 정확하게 움직이고, 모두 𝆑로 건반을 끝까지 눌러야 한다. 속도는 정확한 연주가 가능해진 다음에 올리면 된다. 두 번째는 1번 손

가락이 3번 또는 4번 손가락 아래를 지나갈 때, 그리고 3번 또는 4번 손가락이 1번 손가락 위를 지나갈 때 속도와 음량, 음색을 고르게 내야 한다. 팔과 손목의 상하좌우 운동은 피하고, 힘을 빼고 손가락만 빠르게 움직이는 연습을 해야 한다. 세 번째는 4번, 5번 손가락에 대해서다. 모든 손가락이 자유롭게 움직일 수 있으려면 항상 힘이 약한 손가락음에 신경을 써야 한다.

이상의 사항을 기초기술로 익힌 후에 템포를 올리면서 좋은 음색을 위한 연습을 해보자.

①오른손 16분쉼표를 정확히 쉬고, 왼손 화음에 이끌려 들어가듯이 시작한다. 첫 음에 악센트를 주지 않는다.

②악센트가 다음과 같이 되지 않도록 박자 시작에 넣는다.

③여기부터 운지를 잘 파악한다.

④쉼표를 정확히 지킨다.

제2번 C Major 음계연습

왼손 음계와 오른손 음계가 같다. 왼손이 오른손보다 운동성이 떨어지므로 왼손 연습을 더 많이 해야 한다.

①오른손 화음에 악센트를 충분히 준다. 왼손에서 오른손으로 16분음표 음계를 매끄럽게 이어받는다. 이와 함께 화음과 음계가 동떨어지지 않도록 한다.

②3번 손가락부터 바꾼다. 이때 손가락이 건반에서 떨어지지 않아야 한다.

③오른손 4번 손가락이 중간에 떨어져서 다음과 같이 되지 않도록 한다.

제3번 아르페지오 연습

아르페지오(Arpeggio)는 운지와 손목 움직임이 중요하다. 오른손은 5번 손가락 앞의 음이 3도 이하일 때에는 4번 손가락으로 누르고, 4도 이상인 경우에는 3번 손가락으로 누른다. 왼손도 마찬가지다. 손목은 항상 유연하게 움직일 수 있어야 하고, 타건 후에는 손가락이 항상 손목을 따라다녀야 한다. 상승, 하강 모두 손목의 가벼운 선회운동으로 손가락을 유도하면 연주속도를 올릴 수 있다. 아르페지오가 연속되면 네 번째 음 이후의 사이가 길어질 수 있으므로 정확하고 천천히 리듬을 연습해야 한다.

① 오른손 10도 도약이다. 우선은 음을 파악한 후에 연습해 보자.

② 1번 손가락을 타건할 때 3번 손가락을 준비해서 그 사이가 끊어지지 않도록 한다.

③ 16분쉼표에서 아르페지오가 흐트러지지 않도록 한다.

④ 여기부터 박자 시작음을 5번 손가락으로 타건한다. 왼손 선율도 잘 들려야 한다.

제4번 돈꾸밈음(턴) 운지연습

3번 손가락부터 시작하는 돈꾸밈음 연습이다. 돈꾸밈음에서는 인접음이 빠르게 움직이므로 손가락을 건반에서 완전히 떼지 않고 다시 같은 음을 연주하는 경우가 많다. 때문에 음 하나가 빠지거나, 손가락이 건반에서 완전히 떨어지지 않아 음이 탁해질 우려가 있다. 돈꾸밈음은 팔과 손목의 힘을 빼고 손가락을 반사적으로 건반에서 뗀 후에 건반을 다시 눌러야 한다. 손가락의 움직임이 너무 클 필요는 없다. 손은 둥근 자세를 취하고 손목을 내려 가볍게 손끝으로 건반을 누르면 된다.

① 1번 손가락이 쉼표이므로 오른손 첫 음에 악센트가 붙지 않아야 한다. 왼손 쉼표도 정확히 지킨다.

② 2번 손가락 다음의 C음을 5번 손가락으로 누른다.

제5번 양손 음계연습

4, 5번 손가락 트릴을 포함한 음계연습이다.

① 4, 5번 손가락 트릴이다. A음에서 G#음으로 4번 손가락을 뻗어서 도약한다. 그 후에는 곧바로 손목의 무게중심을 새끼손가락(5번 손가락) 쪽으로 옮긴다.

② 왼손 화음은 연주하기 전에 손가락을 정한다. 손가락에 가볍게 힘을 주고 팔 무게로 타건한다. 여기서는 2분음표 길이를 충분히 유지시켜 다음 화음으로 흐르게 해야 한다.

③ 빠른 움직임의 영향으로 오른손 8분음표 리듬이 흐트러지지 않아야 한다. 여기부터 8마디 동안 오른손은 이음줄과 스타카토를 잘 표현해야 한다.

④ 이러한 딸림7화음(속7화음)은 주화음으로 해결되기 위한 것이다. 따라서 ff로 충분히 길게 연주한다.

⑤ 오른손 2성의 움직임을 잘 살핀다.

⑥ 여기부터 4마디 동안은 낮은 음이 박자 시작부분에 나오는 양손 음계진행이다. 9도의 도약을 파악한 후에 연습을 시작한다.

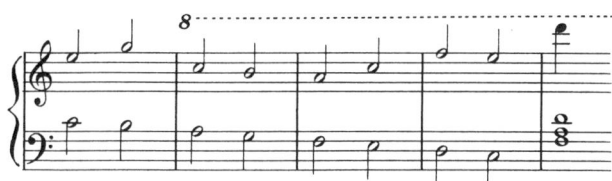

⑦ 오른손 C, G, B, G음의 흐름을 명료하게 내야 한다. 왼손은 도약하는 음을 파악한 후에 연습한다.

제6번 같은 음형의 5번 손가락 연습

정위치에서 기본적인 운지를 정확하고 고른 음량으로 연주하기는 쉽지 않다.

제6번은 위의 a와 b 운지연습이 목적이다. 이것은 손목의 유연성에도 좋다. 하나하나의 음형을 흐트러뜨리지 않고, 힘이 약한 손가락의 음질도 고르게 나야 한다. 이렇게 하려면 손목을 유연하게 움직이고, 무게중심이 음에 실리도록 해야 한다. 왼손 화음은 정확한 리듬으로 경쾌하게 연주한다.

① 1, 2번 손가락 운지가 반대가 된다. F#음을 2번 손가락으로 누른다. 다음 5번 손가락 C음과의 사이가 늘어지지 않아야 한다.

② 손가락 간격을 넓히는 데에 효과적인 부분이다.

③ 손목을 부드럽고 신속하게 움직여야 한다. 그렇지 않으면 손가락에 힘이 들어가 경쾌하게 연주하기 어렵다.

④ 여기부터 마칠 때까지 박자 시작과 아래의 음이 선율선을 이루므로 명확하게 악센트를 준다. 전체적으로 부드럽게, 논 레가토(non legato)로 연주한다.

제7번 같은 음형의 왼손 연습

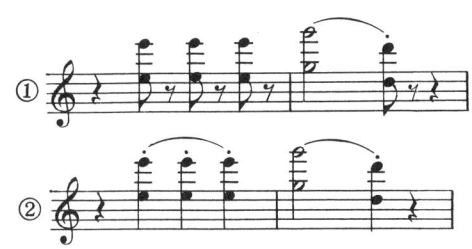

제6번의 왼손을 위한 연습이다. 오른손은 옥타브 및 논 레가토 주법이다. 경쾌하게 노래하듯이 선율을 연주하고, 이음줄과 스타카토를 잘 지킨다. 왼손은 조금 약하게 리듬을 정확하게 연주한다.

① 은 경쾌하게,

② 는 논 레가토이므로 건반을 살짝 누르는 느낌으로 연주한다. 논 레가토 주법은 이 연습곡에 종종 나온다. 잘 살펴보고 효과를 명확하게 파악해보자.

옥타브는 오른손의 경우, 5번 손가락(새끼손가락) 음이 1번 손가락(엄지손가락) 음에 묻히지 않도록 또렷하게 타건한다. 옥타브 G음 2분음표는 테누토로, D음 스타카토는 가볍게 터치한다.

③ 오른손 스타카토를 잘 지키고, 이음줄은 충분히 유지시킨다.

④ 오른손 저음의 긴 음표가 도중에 끊어지지 않아야 한다. 선율은 노래하듯이 연주한다. 8분음표 C음이 왼손 연주에 휩쓸리면 리듬이 흐트러질 수 있다.

⑤ 오른손은 논 레가토다. 왼손은 손목의 선회운동으로 건반을 누른다.

⑥ 왼손 박자 시작부분이 2분음표다.

⑦ 오른손 2분음표 3도 화음은 음표만큼 누른다. 왼손은 여기부터 음형이 달라지므로 템포를 잘 유지시킨다. 왼손 음형은 여기부터 마지막 마디까지 다음과 같다. 이러한 형태의 반주를 '알베르티 베이스(Alberti Bass)'라고 한다(제10번 해설 참조).

⑧ 왼손 박자 시작부분의 4분음표 길이를 정확히 유지시킨다. 오른손은 이음줄과 스타카토를 잘 지킨다.

제8번 C Major 음계, 분산화음, 패시지 연습

제8번은 지금까지의 총정리로, 음계, 교차3도, 아르페지오(분산화음), 패시지 연습을 한다. 왼손은 명확하면서도 음량은 조금 약하게, 화음이 흐트러지지 않아야 한다. 화음 주법은 〈체르니 30번 연습곡〉에서 배운 대로 하면 된다.

교차3도 음형은 쉽게 익숙해질 것이다. 처음에는 어려울 수 있으므로 느린 템포로 연습해보자.

① 왼손 스타카토를 명쾌하게 연주한다. 다음과 같이 되지 않도록 한다.

② 왼손은 손목에 탄력을 주어 연주한다. 오른손 분산화음은 명확하게 건반을 누르고, 박자 시작부분에 악센트를 준다.

③ 악센트가 5번 손가락에 오지 않도록 다음과 같이 악센트 연습을 해보자.

$8^{-------}$ 를 잘 보고 D음부터 위의 C#음까지 손가락을 벌려 정확히 누른다.

왼손은 딸림7화음이 연속해서 통주저음을 이루고 있으므로 중후하게 상성부를 받쳐주어야 한다.

④ 왼손 2분음표를 잘 연주한다.

⑤ 4번 손가락 A음이 약하지 않도록 건반을 끝까지 누른다.

⑥ 반음계 운지다.

⑦ 여기부터 4마디에 걸친 교차3도의 하강 및 상승음계는 많은 곡에서 이 운지로 연주된다. 따라서 1 4 2 3(하강)과 1 3 2 4(상승) 운지를 익혀두어야 한다.

여기서도 손목을 유연하게 움직여야 한다.

⑧ 오른손 음을 빠짐없이 연주한다. 그러기 위해서는 운지 연습을 많이 해야 한다.

⑨ 아르페지오(분산화음)의 악센트를 잘 지킨다. 박자를 시작하는 음에 악센트를 준다. 5번 손가락 음에 악센트를 주지 않는다.

제9번 음계연습

제9번은 제8번 연습과 공통점이 많다. 5도(제6번 시작부분의 형태) 및 옥타브 음계연습이다.

① 다음과 같은 음형을 빠르게 연속하면 꿈틀거리는 느낌이 든다.

② 여기부터 왼손이 4분음표다(앞은 8분음표).

③ 여기부터 여섯 마디 동안 오른손이 상승할 때 3박자째 시작부분에 16분쉼표가 있다. 하강할 때에는 박자의 처음부터 시작한다. 음색과 리듬이 고르게 연주되도록 좌우 손을 매끄럽게 연결시켜야 한다.

④ 이음줄과 스타카토를 잘 지키고, 연주가 느려지지 않도록 한다.

⑤ *fp*는 '강하게 연주한 후 곧바로 약하게'라는 의미다. 오른손 화음은 *f*로, 왼손은 레가토로 연주한다.

⑥ 스타카토다. 4마디 뒤의 리듬은 스타카토가 아니다.

⑦ 왼손이 3도 평행하강음계를 이룬다. 왼손이 2성부로 되어있는 점을 인식하고 2분음표를 충분히 테누토한다.

⑧ 3도 화음 연주가 어려우므로 많이 연습한다.

⑨ 손가락이 미끄러지지 않도록 정확히 타건한다.

제10번 왼손 아르페지오(분산화음) 연습

제10번 왼손 분산화음은 '알베르티 베이스(Alberti Bass)'라는 반주형의 일종이다. 이 연습곡은 알베르티 베이스 분산화음의 음형을 발전시킨 것이다.

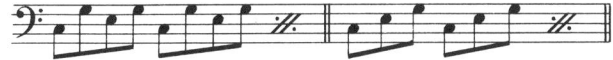

베이스 음형은 도메니코 알베르티(Domenico Alberti)(1710~1740)가 하프시코드 소나타에 사용한 것에서 유래되었다. 그 후에는 헨델, 하이든, 모차르트, 베토벤부터 낭만파 초기에 이르기까지 다양하게 사용된 왼손 반주형태다.

이러한 명칭의 반주형태는 이밖에도 '무르키 베이스(Murky Bass)'라는 옥타브 분산형이 있다.

무르키 베이스는 쿠프랭의 작품에서 그 초기 형태를 찾아볼 수 있으며, 베토벤 '비창 소나타 제1악장'에서처럼 암울하고 극적인 표현에 사용되는 경우가 많다.

이렇게 발전된 알베르티 베이스는 화음을 분산하지 않고 원형 그대로 연주해보면 그 내용에 대해서 잘 알 수 있다. 예를 들어, 아래의 악보 예와 같이 연주해보자.

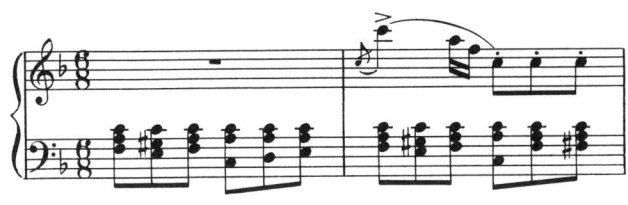

　이렇게 연주해보면 왼손에 흐르는 화음에서 나오는 선율이 어디에 있으며, 어떻게 살려야 하는지에 대해서 알 수 있다. 알베르티 베이스는 손목의 힘을 빼고 연주해야 한다. 손목의 부드러운 움직임이 아닌 손가락 힘만으로 연주하면 쉽게 지쳐버린다. 그리고 화음의 가장 아래음(박자 시작부분)은 낮은 선율의 움직임을 표현하는 경우가 많다. 따라서 이 선율을 잘 살려주어야 한다. 요컨대 전체적으로 3~4성으로 생각하면 된다. 오른손 선율은 잘 노래하도록 연주해보자.

① 오른손이 32분음표다. 앞의 겹점8분음표는 음표 길이만큼 연주한다.

② 를 잘 표현한다.

③ 10도 음정을 파악하고 연주한다.

④ 이 부분은 다음과 같이 연주한다.

⑤ 옥타브를 힘차게 연주한다. 힘을 빼고 팔의 무게로 타건한다.

⑥ 박자 시작 음이 반음계 하강진행을 한다.

⑦ 왼손이 점4분음표다. 이것의 영향으로 다른 음이 길어져서는 안 된다.

⑧ 점4분음 3도 화음은 상성부에 휩쓸려 건반에서 너무 빨리 손가락을 떼지 않아야 한다.

⑨ 오른손 악센트와 왼손 cresc.를 잘 표현한다.

　제11번부터 제2부다. 제1부는 음계연습, 제2부는 분산화음을 연습한다.

제2부

제11번　교차3도 음형 연습

3개의 교차3도를 포함하는 형태의 오른손 상행과 하행 연습이다.

　이러한 형태는 박자 시작부분에 살짝 악센트를 주고 6개의 음을 하나의 흐름으로 연주해야 한다.

① 왼손 *sf*, 스타카토, 리듬을 잘 표현한다.

② 3도 화음 진행이다. 오른손과 왼손을 평행하게 이동시키면서 경쾌한 스타카토 주법으로 연주한다.

③ 손목을 축으로 손등을 가볍게 회전시켜서 손가락을 움직인다.

④ ③과 같다.

⑤ 아르페지오를 잘 표현한다.

제12번　양손 유니즌 분산화음 연습

2옥타브 유니즌 분산화음(펼침화음)과 양손 아르페지오 연습이다. 손가락 간격 확장에 매우 좋은 연습이므로 운지를 지키면서 처음에는 천천히 타건한다.

　아르페지오 주법은 이미 배웠다. 여기서 주의할 점은 손가락이 엇갈릴(1번 손가락이 3번 손가락 밑으로 들어가거나 3번 손가락이 1번 손가락 위를 지나는 경우) 때다. 손목과 팔이 상하좌우로 운동하지 않도록 하고, 건반 위를 미끄러지듯이 신속하게 통과시킨다. 통과할 때에는 음이 끊어지거나 음량이 너무 커지지 않아야 한다.

① 악센트가 1번 손가락에 붙어 아래와 같이 되지 않도록 하면서 정확한 박자로 진행한다.

② 4, 5번 손가락을 정확하게 연주한다.

③A음 5번 손가락(왼손 1번 손가락)에 악센트가 붙지 않도록 한다.

④화음과 8------을 잘 파악하고 연주한다.

⑤마지막 아르페지오다. 1박자째에 악센트를 주면서 두 마디를 단숨에 연주한다.

제13번 오른손 분산 옥타브 연습

분산 옥타브와 아르페지오 연습이다. 왼손도 또렷하게 연주한다.

①왼손 사이에 오른손 32분음표가 일정하게 들어가야 한다.

②여기부터 오른손이 반음계로 하강한다.

③여기부터 왼손은 *sf*와 이음줄을 잘 지키면서 무겁게 연주한다.

④스타카토가 붙은 2개의 8분음표가 연결되지 않도록 한다.

⑤점4분음표 길이를 충분히 유지시킨다.

제14번 돈꾸밈음 주법 연습

1번 손가락이 밑으로 들어가는 돈꾸밈음 연습이다. 손목은 가볍게 손등을 받쳐주고, 가벼운 손가락 운동으로 연주한다. 1번 손가락이 밑으로 들어갈 때 2, 3, 4번 손가락이 건반에서 떨어지지 않으면 음이 탁해질 수 있다.

①5번 손가락 B♭음 연주가 어려우므로 많이 연습한다.

②화음은 위의 음이 잘 들려야 한다.

제15번 양손 반음계 연습

반음계주법의 손가락 운동은 음계주법보다는 트릴 또는 돈꾸밈음 주법에 가깝다. 손가락 운동의 중심이 손바닥 안에 있으므로 손가락만 빠르게 움직여보자.

①같은 음을 다른 손가락으로 연주하는 레가토 주법은 어렵다. 너무 스타카토가 되지 않도록 하면서 매끄럽게 4번 손가락에서 1번 손가락으로 바꾼다.

왼손은 ♪ 𝄾 ♩ ♩ │ ♩ 형태의 음을 명료하게 연주한다.

②다음의 악보 예와 같이 저음이 따로 표기되어있다면 저음을 또렷하게 연주한다.

오른손은 하행형보다 상행형의 3, 4번 손가락 사이에서 막히지 않아야 한다.

③5, 4번 손가락 트릴에서 손가락을 완전히 뻗으면 두 손가락의 움직임에 차이가 생긴다. 따라서 4번 손가락을 살짝 구부린 모양이 좋다. 손가락을 건반에서 확실하게 떼어야 음이 탁해지지 않는다.

제16번 3도와 6도의 분산화음 연습

손가락 간격을 넓히는 연습과 함께 2번 손가락이 1번 손가락 위를 빠르게 통과하는 운동이다. 운지에 주의를 기울여야 쉽고 효율적으로 연습할 수 있다.

위의 예에서 손이 이동하는 부분은 운지의 대표적인 형태 중 하나이므로 기억해두어야 한다. 6도 분산에서는 손목의 회전을 이용해서 타건해야 빠르게 연주할 수 있다.

①검은 건반은 4번 손가락으로 누른다.

②5번 손가락 터치가 어렵다.

③이곳의 F♯음도 2번 손가락이 편하다. 연습을 위해 1번 손가락으로 연주해도 좋다.

④왼손 손가락 변경은 건반이 빨리 올라오지 못하도록 5번 손가락으로 한다. 그리고 여기부터 왼손은 이음줄과 스타카토를 잘 살려서 노래하듯이 연주한다.

⑤8분음표가 깔끔하게 끊어지도록 경쾌하게 연주한다.

제17번 1번, 5번 손가락을 유지시키는 연습

1번 손가락과 5번 손가락이 건반을 누른 상태로 다른 손가락을 운동하는 연습이다. 4분음표는 충분히 테누토해서 선율이 노래하듯이 연주한다. 팔의 무게를 손가락에 싣고, 그 중력을 이용해서 5번 손가락과 1번 손가락을 타건해야 선율음이 명료하게 난다.

① 위의 예와 같이 2번 손가락을 건반에서 떼지 않으면 소리가 길어진다.

제18번　왼손 셋잇단음 음계와 분산화음 연습

왼손을 이동시키면서 2도와 3도 분산화음 운지를 익히는 연습이다. ①과 ②를 포함해 몇 가지 운지 형태에 익숙해지는 것이 중요하므로 많은 연습을 해야 한다. ①의 운지에는 다음과 같이 4가지가 있다.

제19번　분산화음 연습

제19번은 1번 손가락과 2번 손가락의 양 방향 확장연습을 포함하고 있다. 음정이 넓으면 손목이 돌아갈 수밖에 없지만, 팔꿈치는 너무 많이 올리지 않아야 한다. 손목의 유연한 선회 동작은 자연스러운 타건을 돕고, 동시에 정확한 리듬으로 연주하는 데에도 필요하다. 2번 손가락을 뻗었을 때, 1번 손가락은 항상 손바닥 안에서 준비를 한다. 1번 손가락 타건 후에는 곧바로 손목을 바른 위치로 되돌려야 한다.

다음과 같이 운지를 지키지 않는 연습은 하지 않는다.

① 𝄻 기호가 있으므로 1번 손가락 타건 후에 옥타브를 올린다.

② 2번 손가락 다음에 5번 손가락이다.

왼손은 2분음표를 정확하게 유지시키면서 흐름을 또렷하게 표현한다.

제20번　양손 손가락 연습

손가락 독립성과 손목 유연성을 향상시키는 연습이다. 모든 음은 손목운동으로 타건한다. 이와 함께 손목을 고정시키고 손가락 운동만으로 연습하면 손가락 힘을 기르기에 좋다. 하지만 이런 연습은 손에 피로가 느껴지면 곧바로 연습을 멈추어야 한다. 손에 무리가 갈 수 있으므로 느린 템포에서 연습을 시작하는 것이 좋다.

① 이 음은 4번 손가락으로 누른다.

② 상성음의 3박자째만 2번 손가락에서 1번 손가락으로 2도 하행한다.

③ 여기부터 좌우 운지 모두 어렵다. 정해진 운지대로 연습하기 바란다.

지금까지 기초적인 연습을 했다. 제3부에서는 더욱 속도가 빨라진다. 무리해서 빠르게 연습해서는 안 된다. 우선은 운지를 익히고, 정확히 타건하면서 속도를 올려가야 한다.

제3부

제21번　오른손 연습

4도 이내의 음계 진행은 손가락 힘만으로 연습한다. 속도가 빨라지더라도 건반을 끝까지 눌러야 한다. 4번 손가락 타건을 정확하게 한 후에 다음 음으로 넘어가도록 한다.

왼손은 선율을 충분히 살려서 노래하듯이 연주한다. 32분음은 오른손 연주를 타고 다음 화음으로 들어가야 한다.

① 오른손은 박자 시작부분의 4분음표를 잘 지킨다. 1번 손가락 음 유지에 집중한 나머지 2번 손가락 음이 길어지지 않아야 한다.

제22번 양손 동음 연속 타건 연습

손목은 움직이지 않고 팔의 무게를 이용해서 손가락만으로 연주한다. 네 손가락에서 나오는 음의 크기가 항상 일정해야 하고, 리듬이 흐트러지지 않아야 한다. 손목이 뻣뻣하면 쉽게 피로감이 오거나, 음을 빠뜨리거나, 리듬이 흐트러질 수 있다.

화음 반주는 항상 명확하게 리듬을 받쳐주어야 한다.

제23번 오른손 4, 5번 손가락과 2, 3번 손가락 연습

근접음을 4, 5번 손가락과 2, 3번 손가락으로 연주하는 연습이다. 모든 손가락을 사용하는 반마디 단위의 프레이즈가 하나의 덩어리처럼 울리도록 연주해보자. 변화음(임시표)과 운지를 잘 지키는 것도 중요하다.

① 악센트를 정확히 주고, 다음 화음의 스타카토를 경쾌하게 표현한다.

② sf를 잘 표현한다.

③ 여기부터 일곱 마디 동안 1번 손가락과 5번 손가락이 3도 진행을 한다. 4번 손가락은 명확하게 타건한 후에 건반에서 뗀다. 왼손은 여기부터 스타카토로 명쾌하게 연주한다.

제24번 음계와 분산화음 연습

음계와 분산화음을 오른손으로 빠르게 연습한다. 왼손 3도 화음 진행도 많이 연습해야 한다.

① 이러한 이음줄과 스타카토 형태가 곳곳에서 나온다.

다음에 연주하는 4, 3, 2번 손가락이 미끄러지지 않도록 모든 음을 명확하게 타건하면서 흐르듯이 연주한다.

② 3도 화음 진행은 두 음을 동시에 연주한다. 레가토를 유지시킨다.

③ sf 기호와 옥타브 스타카토를 잘 표현한다.

제25번 유니즌 음계연습

음계를 빠르게 연주하려면 모든 손가락의 세기가 일정해야

하며, 음계를 하나의 흐름을 가진 덩어리로 봐야 한다. 첫 음을 연주할 때에는 가장 높은 음을 인식하고 있어야 한다. 자칫하면 악보의 음표를 뛰어넘어 더 많은 음을 연주해버리거나 가장 높은 음까지 도달하지 못하는 경우도 있다.

제26번 오른손의 불규칙한 잇단음 연습

왼손 $\frac{6}{8}$박자에 대한 오른손의 불규칙한 잇단음 연습이다. 일반적으로 잇단음은 한 박자 안에서 음의 수가 명시되어 있다. 하지만 이 경우는 한 마디 안에서의 잇단음이므로 계산해서 연주하더라도 의미가 없다. 결국은 오른손을 연습한 후에 왼손을 추가하는 방법 또는 왼손의 정확한 리듬 흐름 안에 오른손을 넣는 방법밖에 없다. 따라서 좌우의 손이 완전히 개별적인 흐름이라고 생각하는 것이 좋다. 왼손으로 마디를 끊어가기 때문에 큰 의미는 없지만, 다음의 표에 마디마다의 오른손 음수를 표기해두었다.

왼손 템포는 일정하며, 오른손은 잇단음 수에 따라서 연주속도가 달라진다. 따라서 오른손 음의 수가 달라지더라도 모든 마디의 간격은 일정해야 한다.

다시 한 번 말하지만, 오른손은 각각의 패시지를 하나의 덩어리로 생각해야 한다.

마디번호	오른손 음표 수
1 ~ 9	19
10	23
11	21
12	19
13 ~ 14	18 (셋잇단음)
15	16
16	20
17 ~ 19	18 (셋잇단음)
20	20
21 ~ 26	18 (셋잇단음)
27 ~ 28	24 (넷잇단음)
30(반마디), 32(반마디)	13
33 ~ 34	18 (셋잇단음)

①트릴을 박자 길이대로 정확히 넣는다.

제27번   중성부 트릴 연습

상성부와 하성부를 누른 상태로 중성부에서 트릴을 하는 연습이다. 좌우의 선율음, 특히 오른손을 명료하게 연주하기 위해 힘을 줄 필요는 없다. 팔부터 손목, 손가락의 중력을 손가락 끝에 모아서 타건하고, 곧바로 힘을 빼서 음을 유지시킨다. 그리고 중성부의 1, 2번 손가락은 마지막까지 가벼운 트릴 주법으로 연주한다. 이때 상성부와 하성부 선율을 레가토로 연주해서 선율선을 부각시킨다. 처음에는 'cantando(노래하듯이)'의 지시와 같이 4성부를 반드시 의식해야 한다.

①프레이즈를 잘 파악하고 연주한다.

②calando(칼란도)는 '점점 느리고 약하게'라는 의미다.

제28번   오른손 분산 8도 연습

오른손 분산 8도가 전체적으로 5 - 1 - 4번 손가락 운지로 되어있다. 따라서 같은 음을 연주하는 5번 손가락과 4번 손가락의 음량이 일정해야 한다. 그리고 4번 손가락 다음에 5번 손가락이 들어갈 때에는 레가토. 특히 박자 시작부분 5번 손가락에 붙는 악센트를 의식해야 한다(손이 작은 사람은 손목 회전을 이용한다).

①운지를 파악한 후에 연습한다.

제29번   3도 평행음계 연습

3도 평행음계를 포함한 양손 음계연습이다. 3도는 두 음의 음량차이가 크면 심하게 부각된다. 리듬을 유지시키기 위해서는 양손 음량을 잘 맞추어야 한다.

①음계에서 분산화음으로 바뀌는 부분이다. 손가락을 잘 벌리고, 왼손은 4분음이 되지 않도록 한다.

②왼손 스타카토를 경쾌하게 연주한다.

③스타카토 음정이 넓다. 운지를 잘 파악한 후에 연습한다.

④박자 시작 음에 악센트를 준다.

제30번   아르페지오 연습

옥타브 도약을 포함한 양손 아르페지오 연습이다. 왼손에서 오른손으로 이동하는 부분은 양손이 잘 맞지 않거나 음량에 차이가 나지 않도록 신중하게 연습한다. volante(볼란테)는 '경쾌하게'라는 의미다.

①박자 시작 음에 악센트를 주고, 손목을 빠르게 돌려서 아르페지오로 들어간다.

②왼손이 건반에서 너무 빨리 떨어지지 않아야 한다.

③오른손 *sf*는 팔 전체로 부딪히듯이 타건한 후에 단숨에 연주한다.

제4부는 앞에서 배운 기술의 응용과 그 완성을 목표로 하고 있다. 높은 기술을 이용한 연습이 많으며, 어렵지만 그만큼 화려하다. 학습자에게 고도의 피아니즘을 경험하게 해주는 만큼 앞으로 거장들의 작품을 연주하기 위한 필수적인 내용을 담고 있다.

깊은 음악성을 가지고 있지는 않지만, 안정적인 연주속도와 지금까지 배운 기술을 익히기 위해서는 매일 연습하는 것이 좋다.

연습 템포가 빠르면 빠를수록 효과가 크겠지만, 처음에는 항상 느린 템포에서 정확한 음으로 연습을 시작하기 바란다.

제4부

제31번   양손 반음계 연습

단3도 평행진행을 포함한 반음계 연습이다. 좌우 손이 온음계와 마찬가지로 정확하게 맞아 떨어져야 한다.

①다음과 같이 약간의 악센트를 준다.

②4, 3번 손가락을 많이 벌린다.

③상성음이 명료해야 한다.

④이음줄이 있으므로 음이 끊어지지 않아야 한다. 이 부분 앞뒤 16분음표 상성부에는 살짝 악센트를 주는 것이 좋다.

⑤화음 레가토는 음이 짧아지지 않도록 음표의 길이만큼 테누토 한다. 그 후에 빠르게 다음 화음으로 이동한다.

제32번 양손 아르페지오 연습

좌우 교대로 나오는 아르페지오를 왼손에서 오른손으로 매끄럽게 연결시킨다. 그 후에는 곧바로 왼손이 오른손을 넘어서 다음 타건을 준비한다.

음정이 넓은 부분에서도 손목의 움직임으로 정확히 타건한다. 높은음자리표와 낮은음자리표를 잘 보고 실수하지 않도록 하자.

①이 마디 왼손은 10도에 걸쳐 있다. 손목의 도움을 받아 손가락을 최대한 벌려서 흐트러지지 않도록 한다.

②여기부터 8마디 동안은 아래의 음으로 시작하는 아르페지오다.

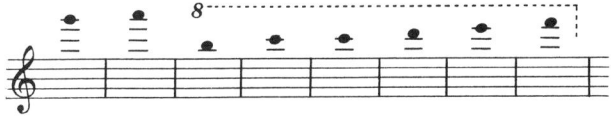

③왼손 화음을 효과적으로 연주해야 한다. 이 연습곡은 프레이즈 하나하나가 하나의 흐름을 이루고 있으므로 흔들림 없이 연주해야 한다.

제33번 오른손 여섯잇단음 음계 연습

제18번의 오른손 연습이다. 제18번은 $\frac{2}{4}$박자 셋잇단음이었지만, 이번에는 $\frac{3}{4}$박자 여섯잇단음이다. 따라서 다음과 같이 악센트가 붙지 않아야 한다.

제34번 왼손 연습

제21번을 왼손용으로 만든 듯한 연습곡이다. 중간부터 양손 연습으로 발전한다. 32분음표는 제21번 오른손과 마찬가지로 손목의 선회와 손가락의 일정한 힘으로 연주한다. 화음은 일관성 있고 힘차게, 리듬은 흐트러지지 않도록 연습해보자.

①오른손 스타카토 화음은 상성을 명료하게 내고, 왼손은 손목을 잘 이용해서 타건한다.

②오른손 4분음표는 테누토(tenuto)다.
1번 손가락이 건반을 누르고 있으므로 32분음표 연주가 흐트러질 수 있다. 따라서 건반을 끝까지 눌러야 한다.

③왼손은 테누토다.

④왼손이 격렬하게 도약한다. 미스터치를 하지 않도록 손목을 이용해서 음량을 고르게 내야 한다.

제35번 오른손 분산 옥타브 연습

도약진행과 화음진행을 함께 하는 어려운 연습이다. 옥타브 분산은 손가락 힘에만 의존할 수 없다. 특히 손이 작은 동양인은 팔의 움직임을 효과적으로 사용해야 한다. 팔 전체의 중력을 손가락에 모아서 신속하게 좌우로 운동시켜야만 벌려져 있는 손가락이 쉽게 지치지 않는다. 하박근육의 힘을 빼는 것도 중요하다.

①왼손 1번 손가락이 건반을 누르고 있으므로 3번 손가락에서 4번 손가락으로의 이행을 신속하게 준비한다.

②점4분음표를 유지하기는 어렵다. 하지만 절대로 아래의 악보 예처럼 되지 않도록 충분히 테누토한다.

③오른손 3도 화음을 정확히 맞추어야 한다. 느린 속도로 반복하면서 어떻게 연주해야 하는지 파악해보자.

④왼손 스타카토 표현을 잘 하기 위해서는 팔 힘을 2번 손가락에 집중시키고 가볍게 떨어뜨리듯이 타건한다.

⑤왼손 하성부 점2분음표 길이를 유지시킨다.

⑥왼손 하성부 점4분음표 길이를 유지시킨다.

제36번 반진행하는 온음계, 반음계, 아르페지오 연습

지금까지 연습해온 것들을 활용한 연습곡이다. 좌우가 정확히 맞도록 연습해보자.

①1번 손가락 뒤에 5번 손가락이 나온다. 팔과 손목을 이용하지 않으면 고르게 연주하기 어렵다. 리듬도 흐트러지기 쉬우므로 많이 연습해야 한다.

②화음 연주는 손가락에 팔의 힘을 더한다. 일정한 음량으로 힘차고 중량감 있게 타건한다.

제37번 상성부 도약연습

제27번 상성부 도약의 경우와 같은 연습목표를 가지고 있다. 오른손 상성부는 스타카토와 레가토를 함께 표현해서 노래하듯이 명료하게 연주한다. 왼손 화음 반주도 스타카토를 잘 살리고 팔 운동을 이용한다.

①5번 손가락이 8분음표다. 32분음표가 되지 않도록 음표 길이만큼 유지시킨다.

제38번 3도와 6도 화음의 트릴 연습

화음 트릴은 어려운 기술이다. 트릴은 음량과 음색을 고르게 하는 것만으로도 쉽지 않다. 여기에 더해서 리듬을 유지시키면서 정확하게 모든 음을 연주하기는 매우 어렵다. 하지만 트릴에 숙달되면 모든 손가락 힘을 균등하게 할 수 있고, 화음 연주도 잘 할 수 있으며, 음계 연주에도 많은 효과가 있다.

처음에는 느린 템포에서 화음과 트릴음이 잘 나도록 많이 연습한다. 이 연습에는 〈아농 54번〉, 〈아농 59번〉 교본이 효과적이다.

①A#과 C#음의 3도를 왼손으로 연주한다. 오른손과 음량이 일정하도록 레가토로 연습한다.

②왼손 스타카토와 레가토를 연습한다. 가장 위 F음에 악센트를 준다.

③왼손이 들어오지만, 음량에 차이가 나지 않아야 한다.

④이처럼 좌우가 겹치는 부분은 많이 연습해야 고른 음량으로 연주할 수 있다.

제39번 오른손 분산화음 연습

à la Galopade(알 라 갈로파드)는 매우 빠르고 활발한 2박자 무곡이다. 지금까지 연습한 분산화음의 종합 복습이므로 화려한 무곡 스타일로 연주해보자.

제40번 전체복습

온음계, 반음계, 도약진행, 트릴, 아르페지오, 분산화음, 레가토, 스타카토 등 지금까지 연습한 것들을 모두 담은 연습곡이다.

길고 기술적으로도 어려우므로 세심한 주의를 기울여 연습하도록 하자.

Die Schule der Geläufigkeit

C. Czerny Op. 299

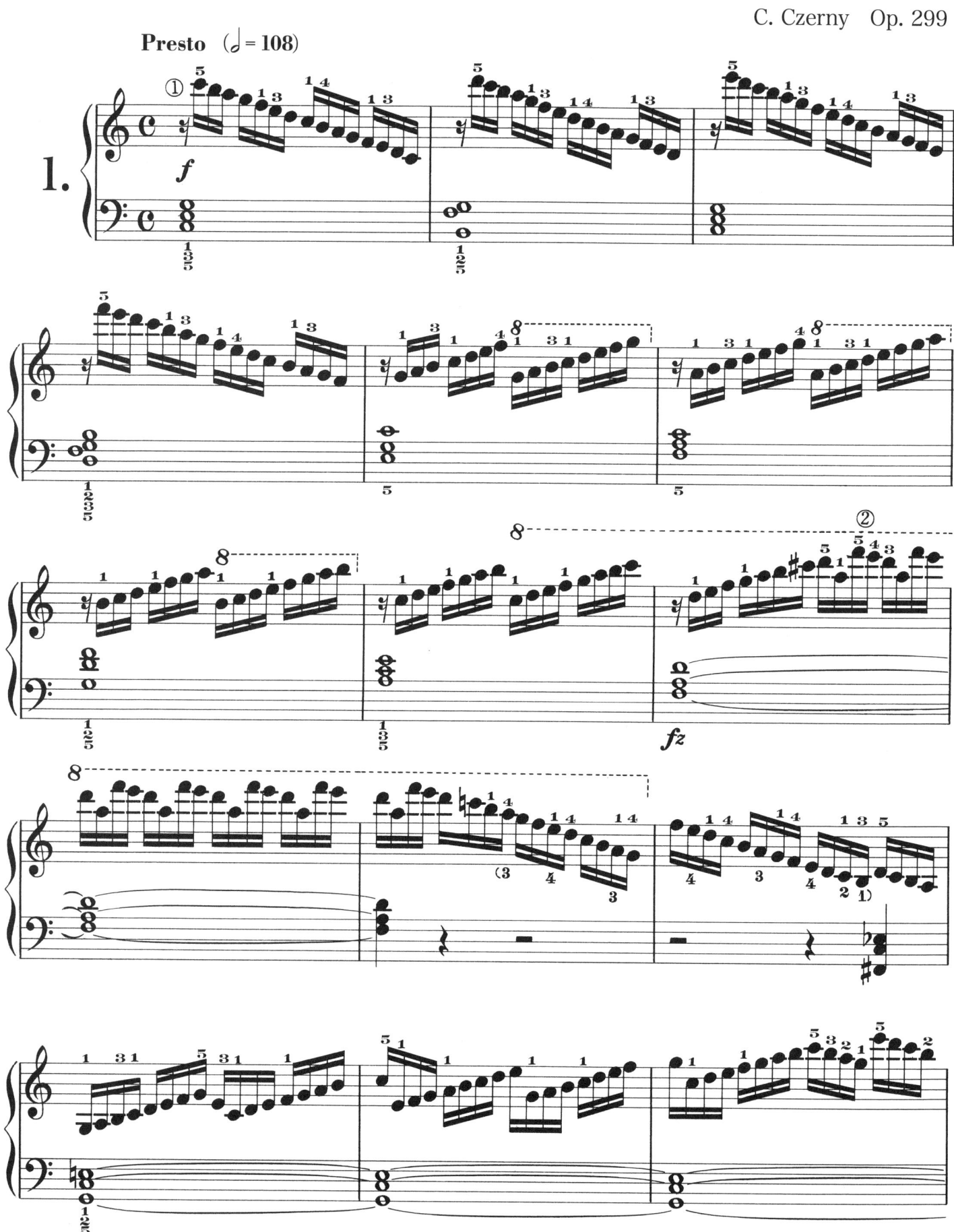

18

28

32

Die Schule der Geläufigkeit

C. Czerny   Op. 299

40

41

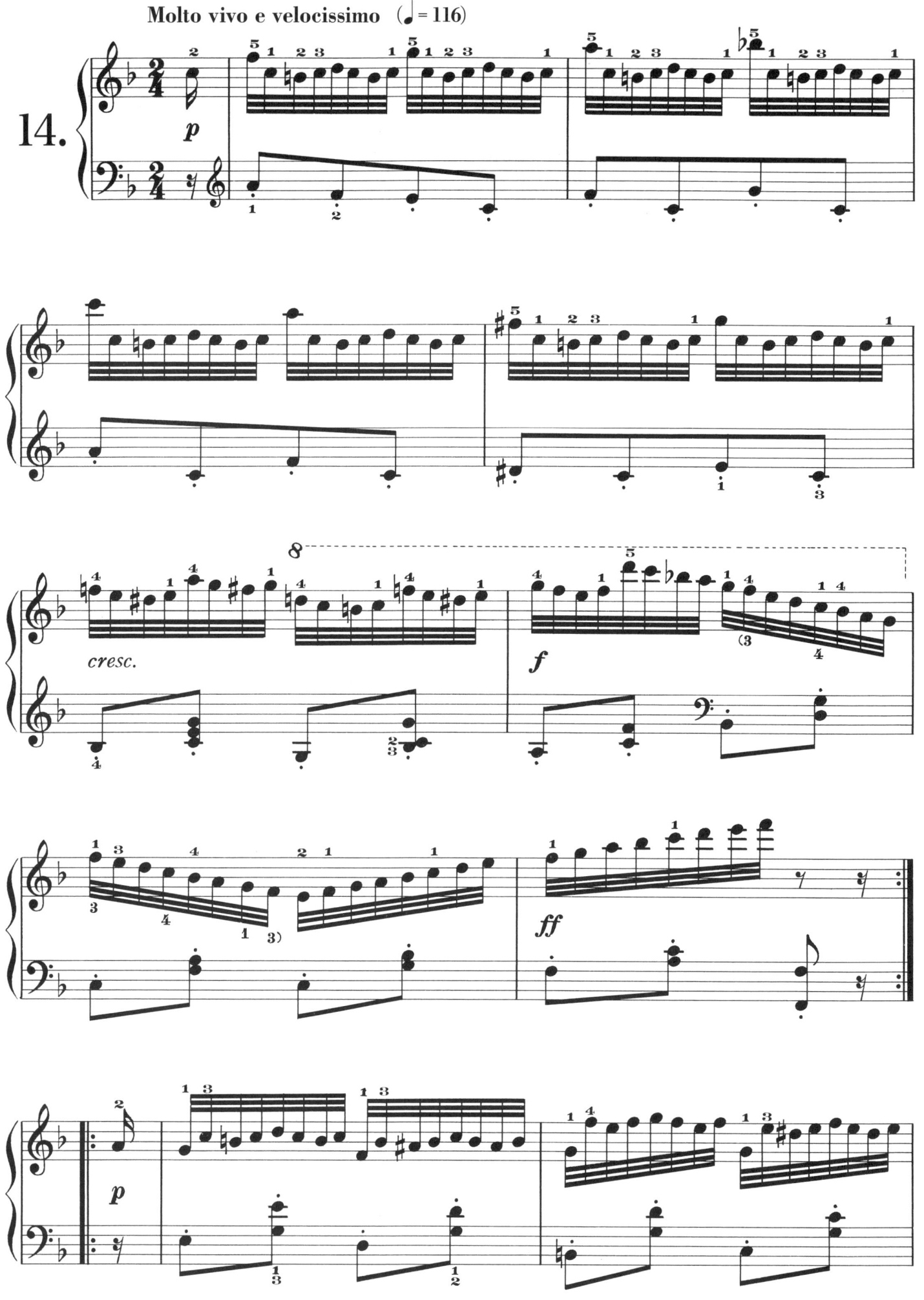

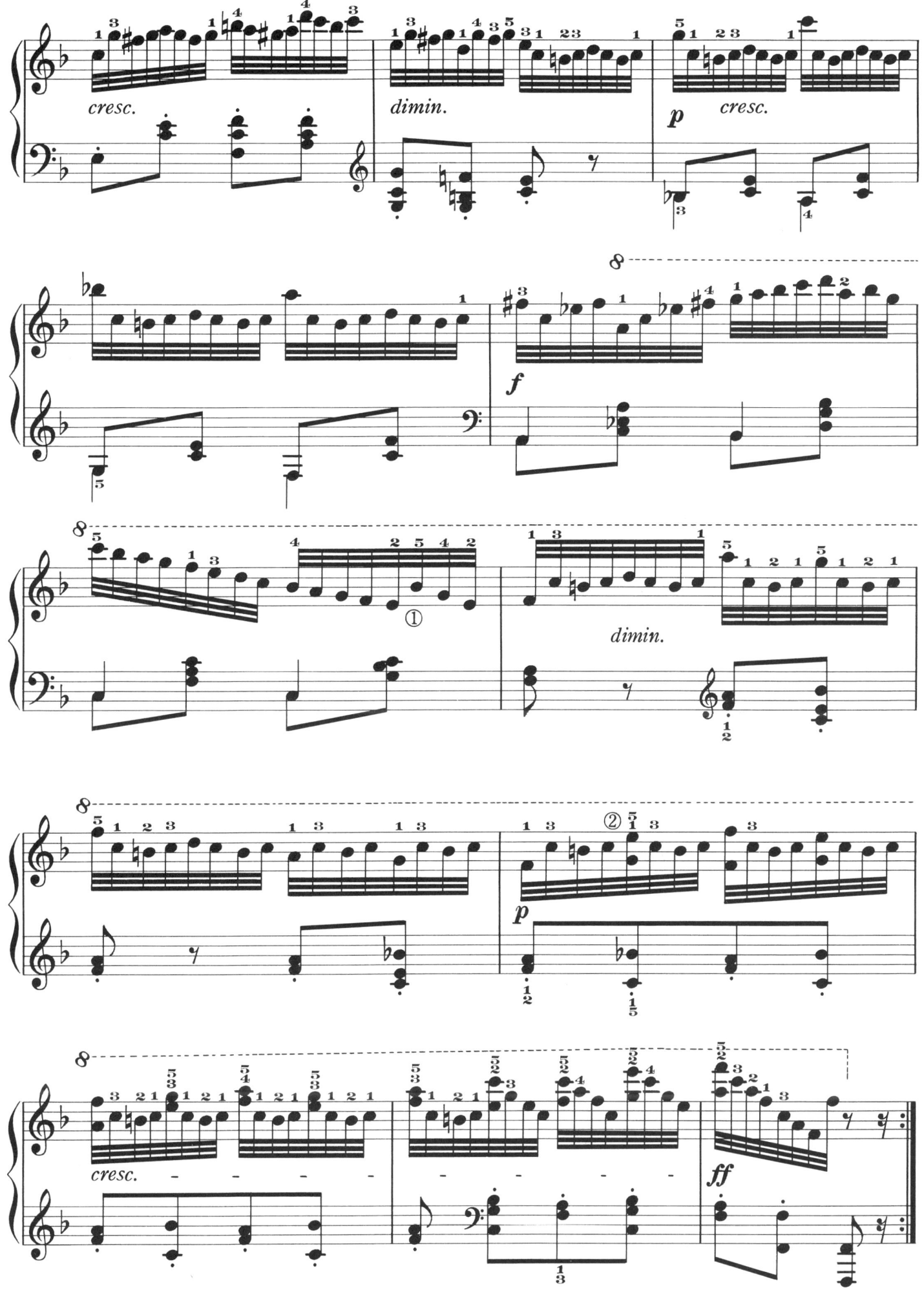

15.

50

Molto allegro ($\quad$ = 96)

17.

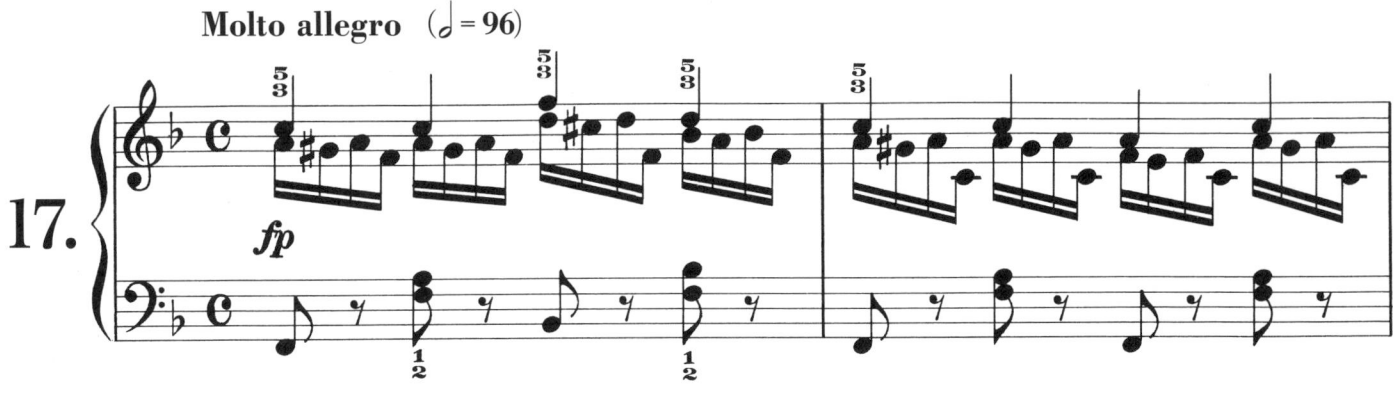

18.

Molto allegro ($\quad$ = 120)

Molto vivace (♩. = 63)

20.

62

Die Schule der Geläufigkeit

C. Czerny   Op. 299

Molto allegro   ($\bullet$ = 104)

21.

Molto allegro ($\quad$ = 96)

22.

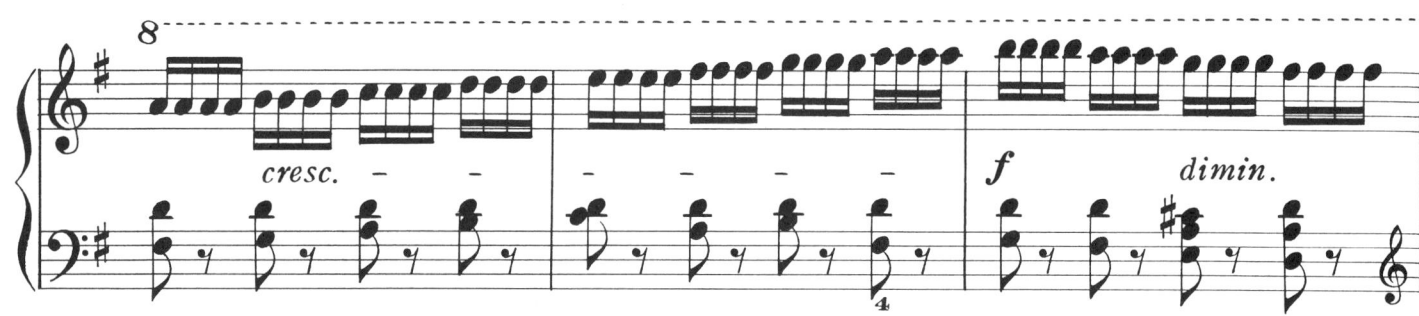

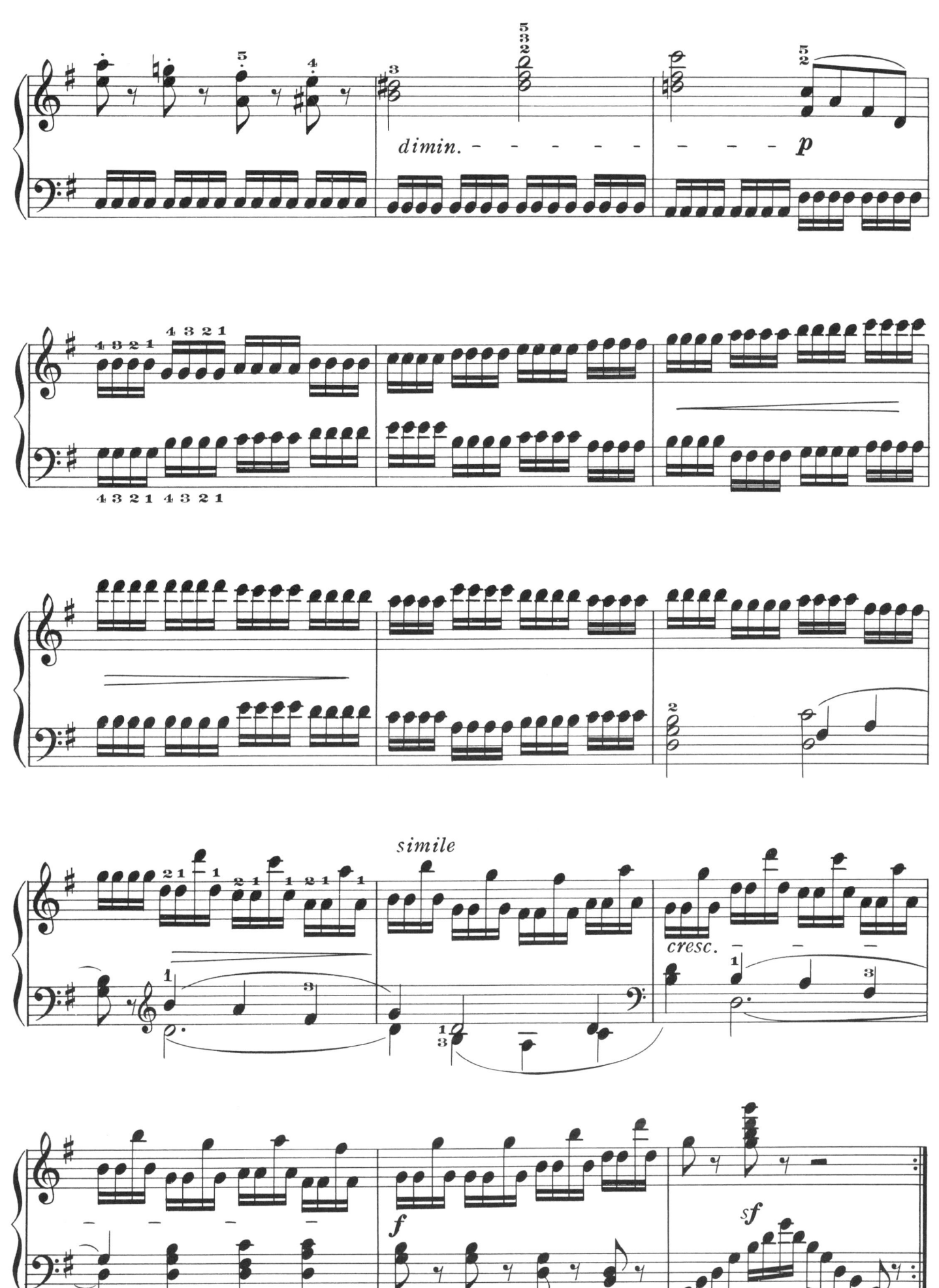

Molto allegro (♩. = 63)

23.

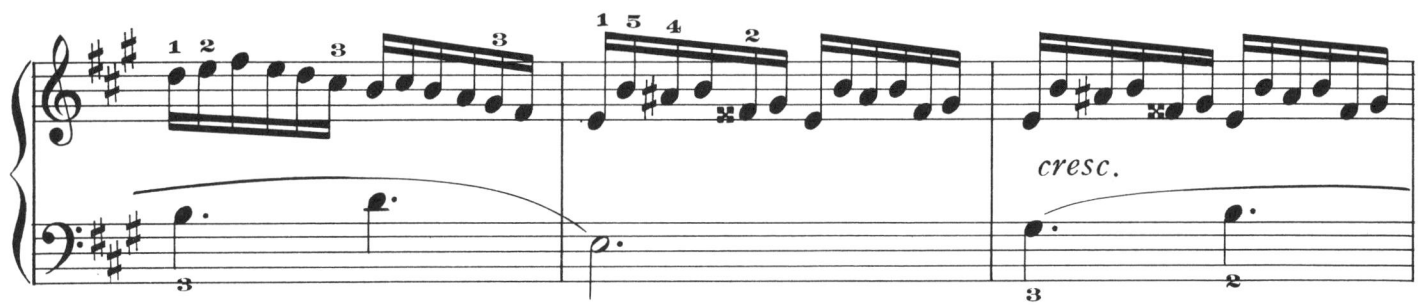

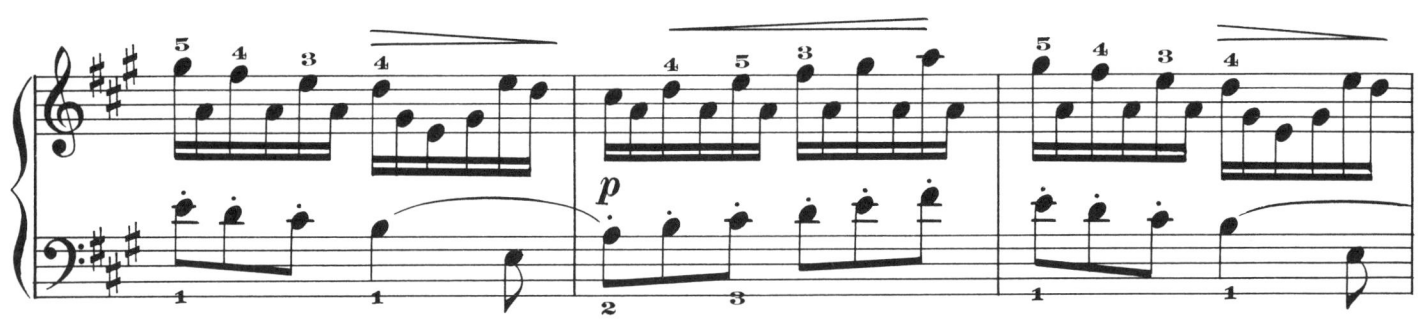

Molto allegro ($\downarrow$ = 96)

25.

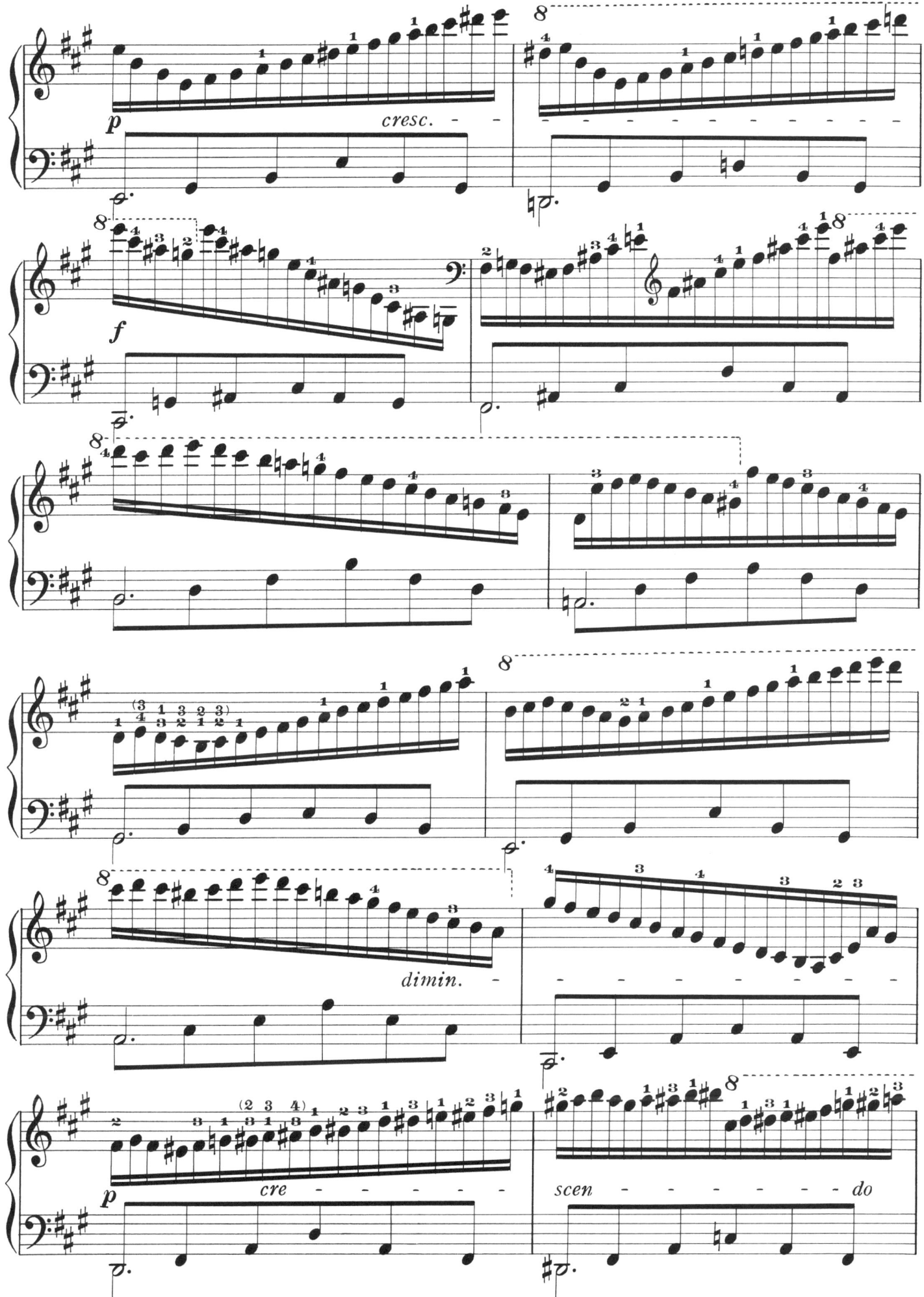

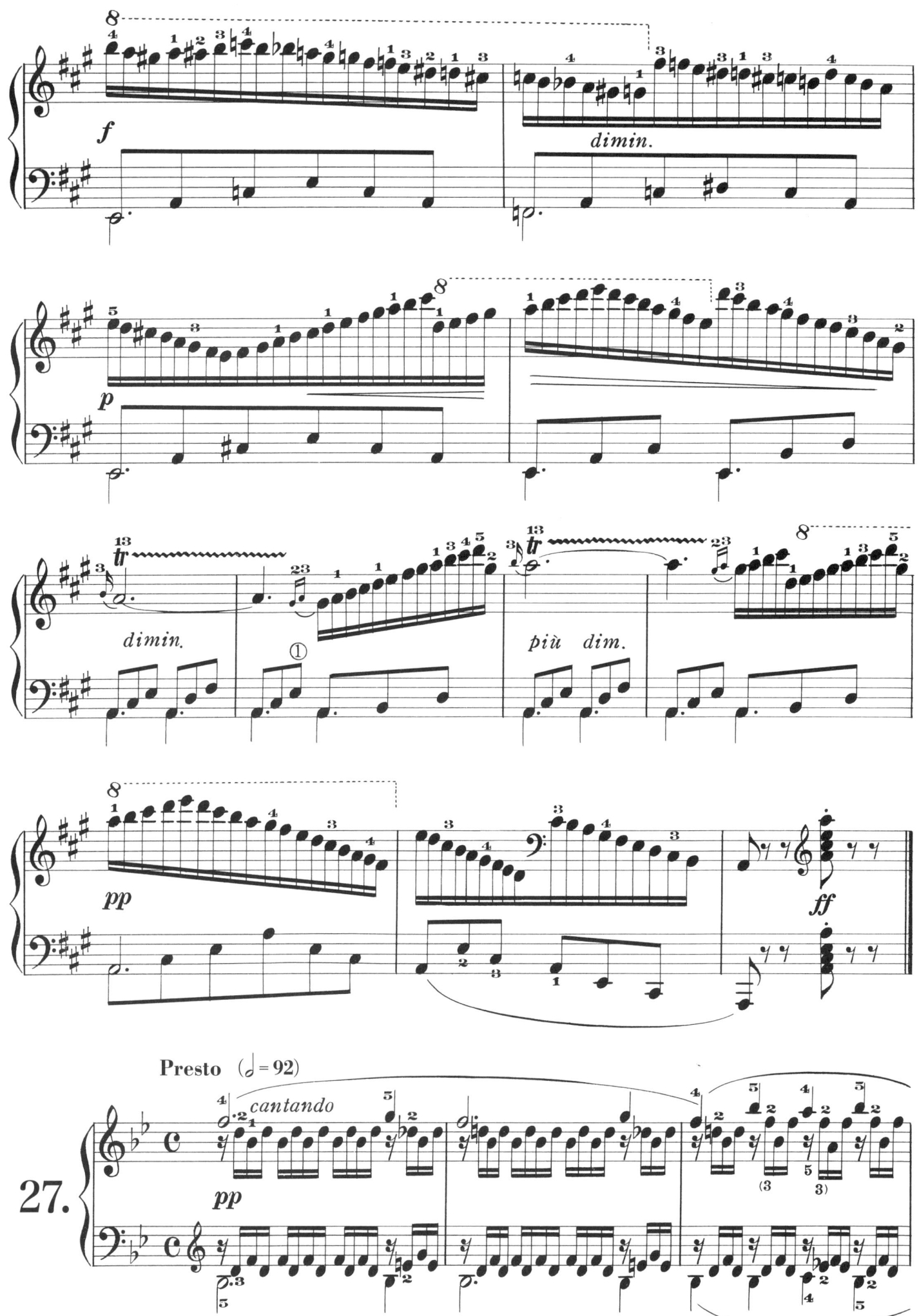

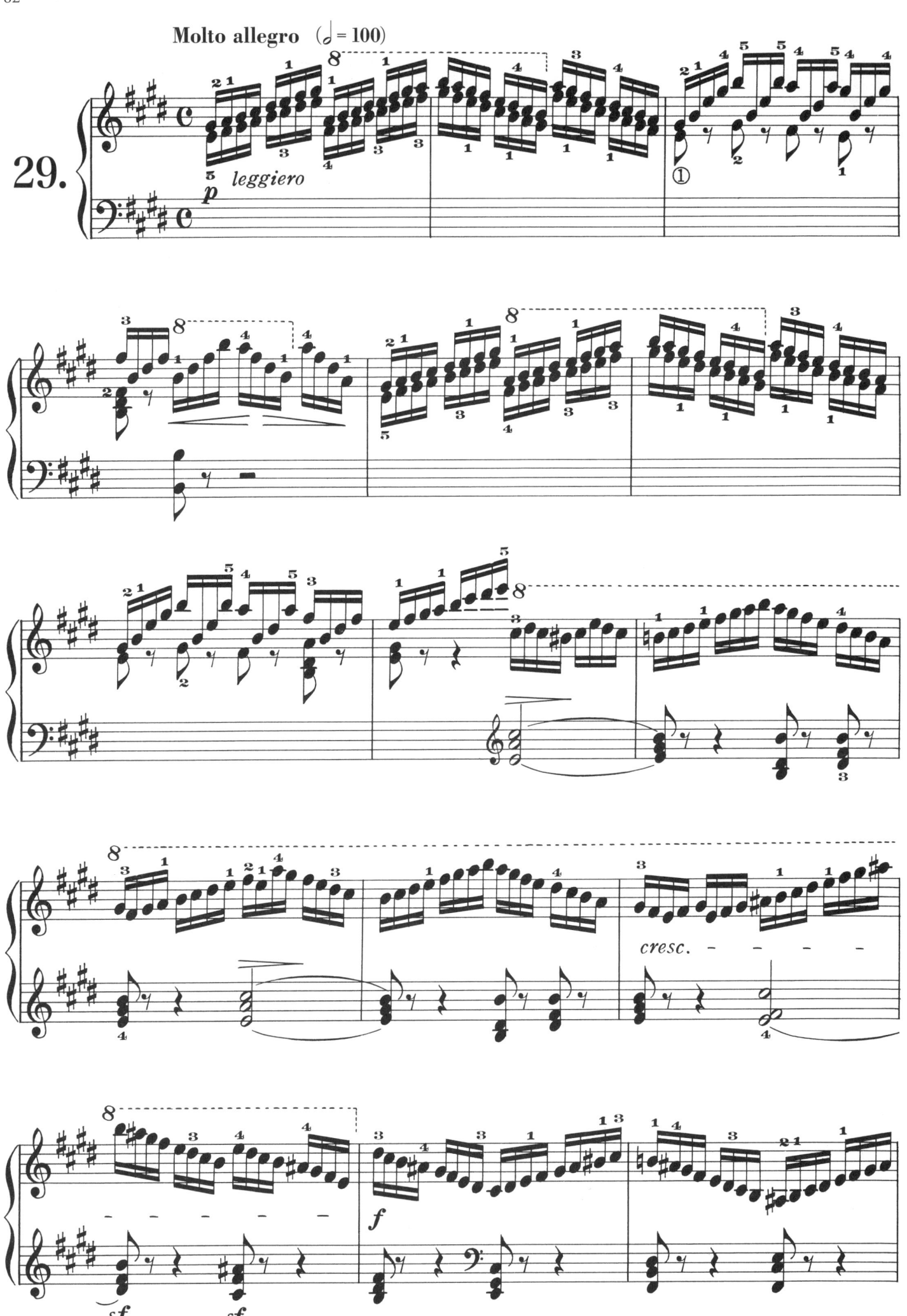

Presto volante ($\downarrow$. = 69)

30.

Die Schule der Geläufigkeit

C. Czerny   Op. 299

Molto allegro e veloce ($\textbf{♩} = 138$)

33.

Allegro molto vivo ed energico ($\quad$ = 88)

34.

Molto allegro e giocoso ($\quad$ = 96)

37.

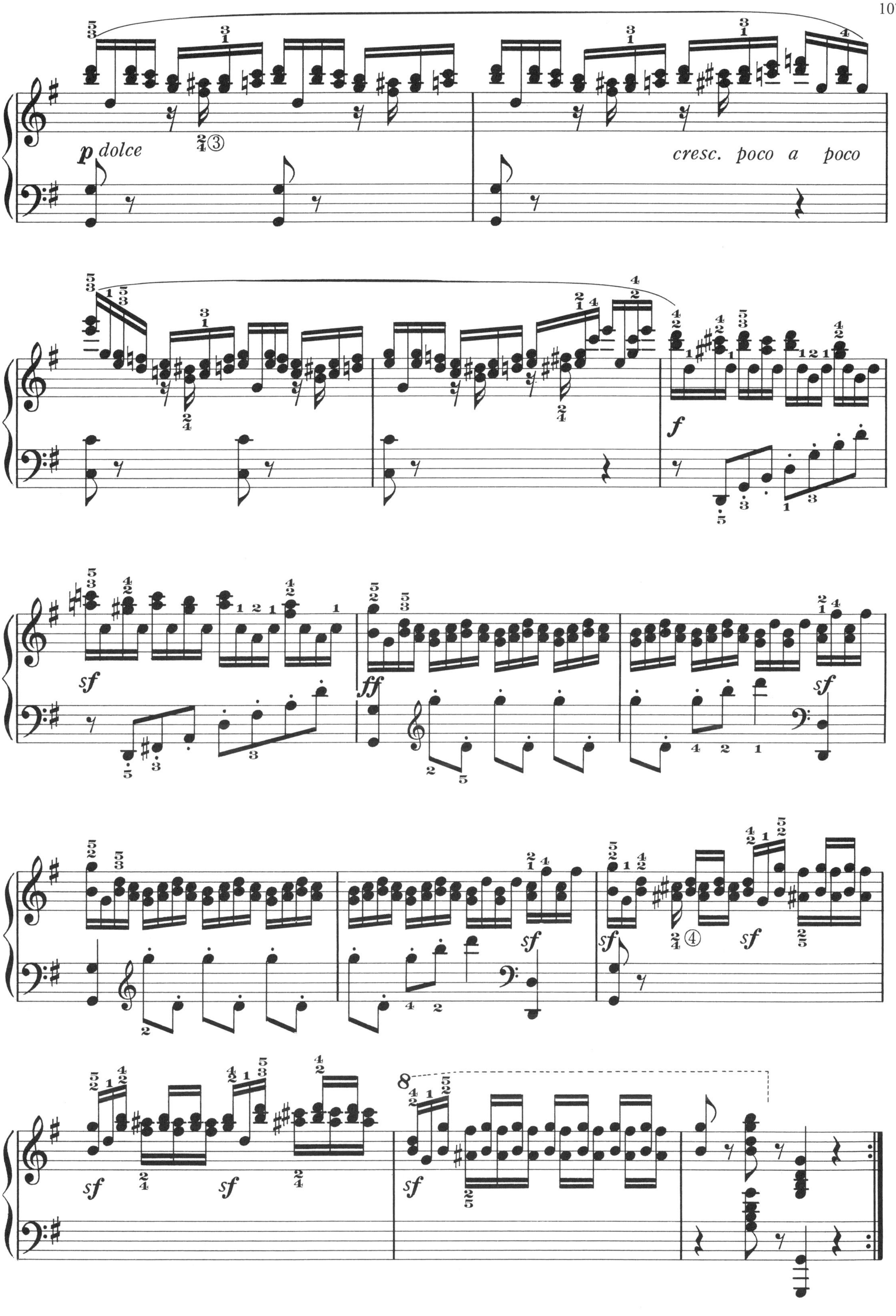
p dolce
cresc. poco a poco
f
sf
ff
sf
sf
sf
sf
sf
sf
sf
8

Presto(à la Galopade) (♩ = 104)

39.

Allegrissimo, quasi presto ($\textstyle\quarter = 120$)

40.

젠온 피아노 라이브러리

교본·악보집 일람

※ zen-on piano library의 신간은 지속적으로 발행되고 있습니다.
최신 출판정보에 대해서는 www.seoul-music.co.kr을 방문해주시기 바랍니다.

교육용

바이어 피아노 교본 Op. 101 [완역판]
아농 피아노 교본 [완역판]

소나티네 앨범 1
소나티네 앨범 2
소나티네 클라비어 앨범 1
소나티네 클라비어 앨범 2

체르니 100번 연습곡 Op. 139
체르니 30번 연습곡 Op. 849
체르니 40번 연습곡 Op. 299
체르니 50번 연습곡 Op. 740

부르크뮐러 18개의 연습곡
부르크뮐러 12개의 연습곡

바로크

바흐 평균율 클라비어 곡집 1 [원전판]
바흐 평균율 클라비어 곡집 2 [원전판]
바흐 골트베르크 변주곡

바흐 프랑스 모음곡
바흐 피아노 소품집

바흐 6개의 프랑스 모음곡
바흐 인벤션과 신포니아

고전

하이든 소나타 1
하이든 소나타 2

모차르트 소나타 앨범 1
모차르트 소나타 앨범 2
모차르트 피아노 앨범

베토벤 소나타 앨범 1
베토벤 소나타 앨범 2
베토벤 피아노 변주곡 1
베토벤 피아노 변주곡 2
베토벤 피아노 협주곡 제5번 '황제'

낭만파

슈베르트 즉흥곡, 악흥의 한때
슈베르트 3개의 피아노 소품 [즉흥곡] D. 946

멘델스존 무언가

쇼팽 왈츠 (유작 포함)
쇼팽 마주르카
쇼팽 녹턴 (유작 포함)
쇼팽 소나타
쇼팽 프렐류드와 론도
쇼팽 스케르초와 판타지
쇼팽 피아노 협주곡 제1번 e minor (Op. 11)
쇼팽 폴로네즈
쇼팽 발라드, 즉흥곡
쇼팽 피아노 앨범
쇼팽 에튀드 [3개의 유작 에튀드 포함]

리스트 3개의 야상곡 〈사랑의 꿈〉 (가곡판 포함)
리스트 슈베르트 가곡에 의한 13개의 피아노 소품집
리스트 초절기교 연습곡집 [원전판]
리스트 리트에 의한 15개의 피아노 소품집
리스트 연주회용 연습곡집 [원전판]
리스트 파가니니 대연습곡집 [원전판]
리스트 소나타 b minor [원전판]

브람스 피아노 곡집 1
브람스 피아노 곡집 2

라흐마니노프 회화적 연습곡 '소리의 그림'
라흐마니노프 전주곡
라흐마니노프 악흥의 한때
라흐마니노프 환상적 소품집
라흐마니노프 피아노 소품집
라흐마니노프 피아노 소나타

근현대

드뷔시 프렐류드 1
드뷔시 프렐류드 2
드뷔시 영상 1, 2
드뷔시 베르가마스크 모음곡
드뷔시 아라베스크와 피아노를 위하여

프로코피예프 피아노 소나타 제1번, 제2번 [원전판]
프로코피예프 피아노 소나타 제3번, 제4번, 제5번 [원전판]

라벨 피아노 작품전집 제1권
라벨 피아노 작품전집 제2권
라벨 피아노 작품전집 제3권
사티 피아노 작품집 제1권

체르니 40번 연습곡

초판발행 2021년 5월 15일

지 은 이 젠온악보출판사 편집부
펴 낸 이 하성훈
펴 낸 곳 서울음악출판사
주   소 서울 서초구 반포대로22길 85 에덴빌딩 3층
영 업 부 02-587-5157
등록일자 2001년 4월 23일
등록번호 제2001-000299호
홈페이지 www.seoul-music.co.kr

© 2021, 서울음악출판사
© 1956 by Zen-On Music Co., Ltd., Tokyo.

값 9,000원
ISBN 979-11-6750-140-0